AF302534

GOOGLE

La conquista del universo informático

Por Guillaume Fastré
En colaboración con Soraya Belghazi
Traducido por Laura Bernal Martín

Economía y empresa   50MINUTOS.es

LAS CLAVES PARA EL ÉXITO

Adam Smith

El principio de Pareto

El estrés laboral

La pirámide de Maslow

www.50minutos.es

GOOGLE

DE EMPRESA EMERGENTE DE GARAJE A GIGANTE DE INTERNET

Pocos meses antes del comienzo del segundo milenio, Sergey Brin y Larry Page se dirigen a las oficinas de Excite, California, con la firme intención de vender su negocio. Le proponen a George Bell, el director general de Excite, que compre su compañía por un millón de dólares estadounidenses. Por aquel entonces, Excite es una empresa floreciente que ofrece un conjunto de páginas web y de servicios muy populares y que a menudo ocupa la portada de las revistas de tecnología.

George Bell rechaza la oferta a pesar de que Sergey y Larry están dispuestos a bajar el precio a 750 000 dólares. Tras regresar a casa con las manos vacías, los dos amigos deciden seguir desarrollando su proyecto de buscador, que pretende clasificar y organizar todas las páginas web para poder encontrar información. En ese momento, están lejos de imaginar que esta negativa y esta terquedad les llevaría a situarse a la cabeza de una de las compañías más influyentes del siglo XXI, convirtiéndolos en multimillonarios.

Descubre gracias a esta guía cómo dos estudiantes desarrollan un motor de búsqueda revolucionario que ahora es usado diariamente por miles de millones de personas. ¿Qué principios y estrategias han permitido a Google, inicialmente un simple proyecto universitario, convertirse en pocos años en un verdadero imperio de la tecnología? ¿Qué obstáculos ha encontrado esta empresa y cómo los ha superado?

Al seguir las principales etapas de su fulgurante crecimiento podrás comprender cómo Google se ha beneficiado de un contexto complejo y en constante transformación para desarrollar un modelo de negocio innovador y exitoso.

DATOS PRINCIPALES

- **¿Fundadores?**
  - Larry Page (doctor en Informática, estadounidense, nacido en 1973, 25 años en 1988).

- Sergey Brin (doctor en Informática, ruso-estadounidense, nacido en 1973, 25 años en 1988).

- **¿Fecha de creación?** El 4 de septiembre de 1998 en Menlo Park, California (Estados Unidos).
- **¿Sector de actividad?** Internet.
- **¿Datos clave?**
  - 1999: 3 600 000 búsquedas; volumen de negocios anual: 220 000 dólares.
  - 2000: 9 238 200 000 búsquedas; volumen de negocios anual: 19 108 000 dólares.
  - 2001: 27 474 600 000 búsquedas; volumen de negocios anual: 86 426 000 dólares.
  - 2014: 2 095 100 000 000 búsquedas; volumen de negocios anual: 68 000 000 000 dólares.
  - 2015: 2 834 650 000 000 búsquedas; volumen de negocios anual: 75 000 000 000 dólares.
  - 2016: 4 000 000 000 000 búsquedas (cifra estimada); volumen de negocios anual: 89 500 000 000 dólares.

CONTEXTO

Desde tiempos inmemoriales, la tecnología nos ha ayudado en la ejecución de tareas cada vez más complejas. Los primeros avances tecnológicos datan de hace más de 2300 millones de años con la fabricación de herramientas y, más tarde, con el dominio del fuego. Estos avances han permitido que nuestra especie sobreviva, evolucione y establezca su dominio en un mundo hostil.

En los tiempos modernos, el hombre ha logrado utilizar la tecnología para mejorar su calidad de vida, pero sobre todo para ir más allá de sus límites y cumplir sus sueños más salvajes. El descubrimiento de la electricidad, la fabricación del motor a reacción, el alunizaje de una nave espacial y muchos otros avances tecnológicos forman a día de hoy parte de nuestra realidad cotidiana, aunque no eran más que fantasías para las generaciones pasadas.

Gracias a mentes creativas y visionarias, los ordenadores e internet forman parte de estas revoluciones que participan en la vida cotidiana de miles de millones de personas.

EL ORDENADOR

Charles Babbage (1791-1871), matemático británico, es uno de los visionarios que sienta las bases del ordenador moderno al desarrollar la primera máquina de cálculo programable en 1830.

Sin embargo, habrá que esperar un siglo más para que la era informática comience realmente con el desarrollo de máquinas capaces de realizar múltiples operaciones de manera simultánea. El ordenador, costoso, se reserva entonces para uso científico y militar. Pronto llega el momento en que todos los investigadores cuentan con su propia máquina.

Con el paso de las décadas, son muchas las innovaciones que permiten que esta herramienta evolucione y se perfeccione, como el chip y la placa de circuito impreso. Gracias a los esfuerzos de empresas como Apple, Microsoft, HP y Dell, el ordenador se democratiza y se adapta a un uso más personal.

DE INTERNET A LA RED

En la segunda mitad del siglo XX, el ordenador intriga y fascina a muchos investigadores, lo que lleva a valiosos descubrimientos. En 1961, Leonard Kleinrock (profesor de Informática estadounidense, nacido en 1934), del Massachussetts Institute of Technology (MIT), desarrolla una teoría de la transmisión de datos entre máquinas. Durante el período de la Guerra Fría (1945-1990), el Gobierno de los Estados Unidos, en busca de una ventaja sobre el enemigo, aprovecha el potencial de esta rápida comunicación.

En 1969, existen cuatro ordenadores repartidos por el continente americano en universidades que deben garantizar la gestión de proyectos de defensa. Se crea la red Arpanet, el ancestro de internet. Mientras que en 1969 existen 4 puestos de trabajo, en 1977 se contabilizan 111, repartidos por todo el mundo.

En los años ochenta, un ingeniero de *software* que trabaja en el CERN, el Centro Europeo de Investigaciones Nucleares con sede en Suiza, señala que los científicos tienen dificultades a la hora de compartir información. Resulta que a menudo es necesario conectarse a diferentes ordenadores para recuperar distintos datos.

Tim Berners-Lee (informático y físico británico, nacido en 1955) desea solucionar este problema y trabaja en ello en su tiempo libre. De su reflexión nace la idea de concentrar la información para que esta pueda ser fácilmente accesible desde todas las estaciones de trabajo. El primer paso es crear un *software*, llamado «navegador», que descargue la información deseada al ordenador. Un navegador es una aplicación web a través de la cual los usuarios pueden publicar y consultar contenido.

Poco después, las primeras páginas están disponibles. El usuario puede desplazarse fácilmente entre ellas haciendo clic en los hipervínculos. Ha nacido la World Wide Web (abreviada como «www» o «W3» y que significa «tela de araña mundial»). El resultado es un verdadero entusiasmo que lleva al aumento exponencial del número de páginas generadas. La red se convierte enseguida en una jungla repleta de un contenido muy variado, lo que hace que la navegación sea cada vez más compleja para el usuario.

Para remediar este problema se crean muchos motores de búsqueda: entre 1990 y 1998 nacen más de 20, entre los que se encuentran Inktomi, AltaVista, Lycos y Excite. Todos y cada uno de ellos tratan la información a su manera, sin comprender la inmensidad del mundo en el que intentan penetrar. En ese momento, las dimensiones que tomará esta tecnología y el entusiasmo que suscitará unos años más tarde siguen siendo inimaginables.

INICIOS

LA UNIÓN DE DOS DESTINOS

Por muy extraordinaria que sea, la historia de Google comienza en los años noventa con un encuentro fortuito. Un golpe de suerte que cambia el mundo para siempre.

En una mañana de primavera de 1995, Sergey Brin, un estudiante de segundo año de Informática de 21 años de edad, enseña la Universidad de Stanford a un grupo de futuros estudiantes, entre los que se encuentra Larry Page, de 22 años.

Sergey, de naturaleza extrovertida, encuentra en Larry, tranquilo y reservado, un *alter ego* intelectual. Los dos jóvenes descubren enseguida puntos en común, pero no están de acuerdo en temas tan variados como complejos. Su relación explosiva parece no tener futuro.

Sin embargo, al principio del año académico, Sergey y Larry se vuelven inseparables y son conocidos por sus intensas conversaciones.

Impulsados por intereses similares (la informática y las múltiples oportunidades que parece que la tecnología ofrece), los dos estudiantes tejen unos lazos de amistad sólidos y mutuamente beneficiosos. Sus personalidades opuestas, que hacen que su relación sea conflictiva, hacen que se complementen y constituyen su fuerza.

Involuntariamente, sus debates les llevan a identificar problemas recurrentes a los que se enfrentan y para los que tratan de encontrar soluciones. Durante uno de estos animados intercambios nace la idea de crear un motor de búsqueda.

| Larry Page.

| Sergey Brin.

LA OPORTUNIDAD

En el marco de sus estudios, Sergey se especializa en la exploración de datos, una técnica que, como su nombre sugiere, consiste en el análisis de datos voluminosos. Sergey piensa enseguida en una forma de aplicar este método a la red (que todavía es un espacio prolífico pero desordenado) para organizar la masa de información en circulación.

Larry, por su parte, descubre un nuevo motor de búsqueda que considera más eficiente que sus competidores. AltaVista y Yahoo!, accesibles desde diciembre de 1995, ya gozan de una gran popularidad. Intrigado, Larry se fija en que el primer motor utiliza un nuevo tipo de enlaces que permiten la navegación entre diferentes páginas. El joven descubre que el número de enlaces que reenvían a una página refleja su relevancia y su popularidad. Además, no todos los enlaces son iguales. De hecho, cuanto más popular sea una página, más importantes son los enlaces que contiene.

PALABRAS CLAVE

- **Navegador**: *software* que permite acceder a la World Wide Web.
- **Motor de búsqueda**: *software* que permite encontrar contenido en la red gracias al empleo de palabras clave.

Juntos, los dos estudiantes deciden formar un equipo en torno a un proyecto común, reuniendo sus respectivas pasiones. Larry estudia los hiperenlaces mientras que Sergey profundiza en la extracción de datos de la red. De este análisis nace PageRank, un algoritmo que calcula el número de enlaces a una página para medir su relevancia. Se acaba de crear el cerebro de Google.

EL PROYECTO

En 1996, horas y horas de trabajo duro en el laboratorio de la Universidad permiten que el equipo ponga a punto BackRub, un nuevo y prometedor motor de búsqueda. Su principio es simple: un algoritmo escanea las páginas disponibles en la red y las clasifica automáticamente según los enlaces presentes en la página y que reenvían directamente a ella. Mediante la realización de una búsqueda por palabra clave, el usuario obtiene una lista de páginas (en forma de hipervínculos) clasificadas según su relevancia para la búsqueda.

Para funcionar, BackRub necesita almacenar las páginas escaneadas en servidores. Este proceso garantiza que la información esté centralizada, lo que facilita y agiliza la búsqueda. En ese momento, la World Wide Web está todavía en sus inicios, pero el número de páginas añadidas se duplica cada año. Como resultado, el motor de búsqueda debe escanear más y más páginas para proporcionar resultados continuamente actualizados.

Desde el punto de vista del equipamiento, es crucial tener suficientes servidores para almacenar una cantidad creciente de información, pero también para tratar con un número creciente de usuarios que realizan búsquedas. Por falta de recursos, Sergey y Larry deciden utilizar solo los servidores proporcionados por la universidad.

A medida que pasan las semanas y la red crece, la carga de trabajo aumenta. Los dos jóvenes empresarios apenas comienzan a comprender el potencial de su proyecto. Después de largas horas de discusión, se registra el nombre de dominio de *Google.com* y Google se convierte en el nombre oficial del motor de búsqueda.

Un nombre gigantesco

El nombre de Google se refiere al término *gúgol* (*googol* en inglés) representado matemáticamente por el número 1 seguido de 100 ceros y que supuestamente pretende reflejar la inmensidad de la red.

Poco después, en 1998, Andy Bechtolsheim (hombre de negocios alemán, nacido en 1955) financia el proyecto con 100 000 dólares incluso antes de que se cree la empresa. Este emprendedor, cofundador de Sun Microsystems, empresa especializada en la fabricación de servidores y ordenadores, es un verdadero icono en el mundo de las tecnologías de la información. Su inversión envía un mensaje claro a la comunidad y afirma la legitimidad del proyecto. Al mes siguiente, la empresa se crea oficialmente y por fin pueden cobrar el cheque.

Ese año se pone en línea MSN Search, un motor de búsqueda creado por el gigante Microsoft. Este buscador utiliza las capacidades del motor de búsqueda Inktomi y se convierte oficialmente en la página principal de Internet Explorer, el conocido navegador desarrollado por Microsoft.

DEL LABORATORIO AL GARAJE

El dúo abandona el laboratorio de Stanford y se instala en casa de Susan Wojcicki (mujer de negocios estadounidense, nacida en 1968), una conocida que les propone instalar sus oficinas en su garaje de forma gratuita. Los dos amigos trabajan día y noche y enseguida se ven superados por los acontecimientos: se han dado cuenta de que la empresa será más eficiente si hay más personas implicadas en ella.

En esta perspectiva, deciden contratar a un doctorando de Stanford que no solo comparte su ambición, sino también su espíritu. Como primer empleado, Craig Silverstein (nacido en 1972) no tiene un puesto específico: su misión es asistir a los dos fundadores en la realización de sus tareas diarias.

CREACIONES PERSONALES

Después de dejar Stanford, los fundadores deciden desarrollar sus propios servidores. Incluso hoy en día siguen fabricando su

Para satisfacer sus necesidades, la empresa requiere una inyección de capital continua y en constante aumento. Gracias a sus amigos y familiares, que apoyan el proyecto, recaudan un millón de dólares.

Pocos meses después, Google tiene el honor de aparecer en la clasificación de las 100 mejores páginas web del año. Esta lista es compilada anualmente por *PC Magazine*, una publicación muy respetada dentro de la comunidad informática. La noticia, que es todo un golpe de *marketing*, logra exponer el motor de búsqueda a una audiencia ya apasionada por los ordenadores y por la tecnología. A principios de 1999, Google invierte en un nuevo edificio en Palo Alto, en Silicon Valley (California). Por aquel entonces, ocho empleados forman parte de la empresa.

Número de usuarios en la web en el período 1994-2016 (en miles de millones)

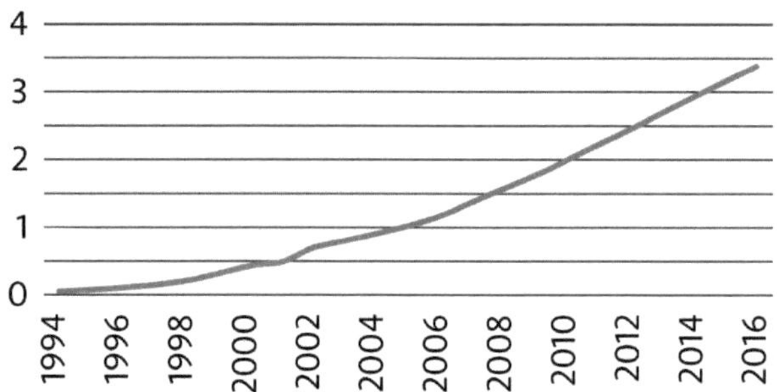

Fuente: http://www.journaldunet.com/ebu-siness/le-net/1071539-nombre-d-internautes-dans-le-monde/

DESARROLLO DE LA EMPRESA

UNA MONTAÑA RUSA EMOCIONAL

Después de que George Bell se negara a comprar su negocio en 1999, Larry y Sergey deciden continuar la aventura. El dinero recaudado gracias a sus seres queridos casi un año antes se ha evaporado y, ante la creciente necesidad de capital, Google se ve obligada a recaudar fondos.

Sequoia Capital, una empresa especializada en inversiones de riesgo, anuncia su intención de financiar la joven empresa con 25 millones de dólares. Con ese dinero, Google puede reclutar nuevos empleados, una mano de obra necesaria para seguir el ritmo extremadamente rápido al que se desarrolla el proyecto.

EL INTERÉS DE LAS INVERSIONES DE RIESGO

Las empresas de capital riesgo se especializan en la financiación de empresas emergentes con alto potencial de crecimiento. A cambio de una contribución financiera, obtienen una participación en la empresa, con la esperanza de obtener una plusvalía a largo plazo.

AMBICIONES A NIVEL GLOBAL

Google experimenta un crecimiento meteórico en los Estados Unidos y se lanza a conquistar el mundo. En mayo de 2000, el motor de búsqueda puede consultarse en diez idiomas. Pocos meses después, se añadirán a la lista no menos de dieciséis lenguas.

GOOGLE Y EL MERCADO CHINO

Google está prohibido en China con el fin de que los motores de búsqueda nacionales prosperen. Por tanto, el Gobierno chino puede controlar la información en circulación y recopilar datos de los usuarios.

Pocos años después de la fundación de la empresa, los esfuerzos dan sus frutos y Google se convierte en el motor de búsqueda más grande del mundo, dando a los usuarios de internet la oportunidad de navegar por más de mil millones de páginas.

Esta expansión requiere grandes inversiones. Dada la popularidad del producto y las oportunidades que ofrece el mercado, Sergey y Larry reflexionan sobre una manera rápida y fácil de reunir los recursos financieros necesarios para tal desarrollo.

UNOS COMIENZOS ATÍPICOS

En el año 2000, la empresa inaugura oficialmente una nueva oficina en Nueva York formada por un solo comercial. Este empleado, que carece de local para trabajar, se instala en Starbucks y realiza su trabajo mientras saborea un café.

Unas semanas más tarde, en febrero de 2004, Google anuncia su intención de salir a bolsa. Se venden al público unas 20 millones de acciones a un precio de 85 dólares por un valor total de 1670 millones de dólares. Esta venta de acciones da a Google un valor bursátil de casi 23 000 millones de dólares. Diez años más tarde, alcanza los 397 000 millones de dólares.

Ahora que tiene que responder ante los inversores, se hace evidente que la empresa no puede vivir indefinidamente de las aportaciones de capital externo. Para que sea financieramente viable, la gerencia debe encontrar una manera de monetizar el alto tráfico generado por el famoso motor de búsqueda.

DEFINICIÓN DE UN MODELO DE NEGOCIO

PALABRAS CLAVE

Un **modelo de negocio** (*business model* en inglés) permite prever y comprender la generación de valor añadido en el seno de una empresa así como su reparto entre las distintas partes.

En octubre del 2000 se lanza AdWords, el departamento de publicidad de Google destinado a empresas. Esta herramienta ofrece a los anunciantes la posibilidad de comunicar su oferta gracias a una selección de palabras clave.

Su principio es simple: cuando un usuario busca palabras clave, se añade una lista de anuncios comerciales relacionados con la consulta a la jerarquía de páginas relevantes. Por un lado, las empresas pueden dirigirse a su audiencia y analizar los resultados de su campaña. Por el otro, se advierte a los usuarios que las empresas están pagando para ofrecer sus servicios. Con esta herramienta, las pruebas demuestran que, para un mismo anuncio publicitario, los anunciantes de Google reciben cuatro veces más visitas que en otro motor de búsqueda.

Fieles a sus valores y a su deseo de actuar en beneficio del usuario, Larry y Sergey insisten en que los anuncios se indiquen abiertamente. De esta manera, el usuario puede distinguir claramente un enlace relevante de un enlace patrocinado, a diferencia de lo que ocurre en otros buscadores.

Sin embargo, la publicidad no es la única fuente de ingresos de Google. Ante el creciente éxito del producto, algunas empresas deciden pagar una licencia a Google para que el motor de búsqueda se incluya en su página web. Yahoo!, que en ese momento aún no había desarrollado su propio algoritmo, es uno de estos muchos clientes.

Google, capaz de generar un tráfico colosal y de monetizarlo casi instantáneamente, lidera una verdadera revolución digital y no da señales de frenar su ritmo. Las posibilidades de desarrollo son infinitas. Después de todo, puede que Google sea algo más que un motor de búsqueda.

LA GESTIÓN EN EL CENTRO DE LA ESTRATEGIA

En marzo de 2001, Eric Schmidt (hombre de negocios estadounidense, nacido en 1955), de 45 años, se une al consejo de administración de Google como presidente. Este licenciado en Ingeniería Eléctrica y titular de un máster y de un doctorado en Informática cuenta con muchos años de experiencia, algo que le ha permitido desarrollar una capacidad para comprender y explotar las tecnologías más prometedoras —una ventaja nada desdeñable para el consejo de administración de Google, que se encarga de definir la estrategia global de la empresa—.

Cinco meses después, Eric es ascendido y se convierte en director ejecutivo, reemplazando de este modo a Larry, que se convierte en presidente de productos. Sergey, por su parte, es nombrado presidente a cargo de los aspectos tecnológicos. Esta nominación permite a Google desarrollar y ejecutar una visión clara, adaptada al entorno del momento y en línea con los ambiciosos objetivos de la joven empresa emergente. Gracias al esfuerzo de sus fundadores y a la experiencia de su líder, el futuro de la empresa está en buenas manos. Sin embargo, como han entendido los ejecutivos de Google, el éxito de una empresa no depende tan solo de una estrategia bien definida y de un buen producto.

LA CULTURA EMPRESARIAL, FUENTE DE ÉXITO

A medida que una empresa crece, se enfrenta inevitablemente a muchos problemas organizativos. Tanto a nivel estructural como de recursos humanos, debe adoptarse una estrategia para garantizar un nivel de servicio y una productividad inalteradas, o incluso mejoradas.

Larry, Sergey y Eric deciden crear un entorno único favorable a la innovación, colocando al empleado en el centro de la organización. Esta filosofía se ha desarrollado y fortalecido lentamente a medida que la empresa ha ido creciendo, pasando del laboratorio de Stanford a las enormes instalaciones de Silicon Valley. Su filosofía se basa en dos pilares fundamentales: el entorno de trabajo y el empleado.

Larry y Sergey asumen que para desarrollar los mejores productos es necesario reclutar a los mejores trabajadores. Por supuesto, para una empresa que opera en todo el mundo, es natural contar con un personal variado, tanto en términos de nacionalidad como de educación y de entorno social. Para reclutar a sus futuras estrellas, Google opera de dos maneras.

• Por un lado, es importante filtrar un gran número de candidaturas espontáneas. Para ello, la empresa tiene una serie de preguntas alocadas que pueden parecer imposibles de resolver, pero que se utilizan principalmente para juzgar la capacidad de reflexión de los candidatos. Por ejemplo, una persona entrevistada para un puesto de analista de negocios fue evaluada por su habilidad para planificar un plan de evacuación del edificio. Otro tuvo que ser capaz de enumerar las diferentes maneras de encontrar una aguja en un pajar.

- Por otra parte, se interesa por los empleados de otras empresas y busca atraerlos si es necesario.

Asumen que un empleado feliz es productivo y utiliza sus capacidades al máximo, por lo que ofrecen un gran número de servicios a los miembros del personal. Para mantener su lealtad, Google propone un reembolso de los cuidados dentales y sanitarios. Además, el complejo alberga una peluquería, una sala de masajes, un gimnasio y un equipo médico, mientras que un tobogán facilita el desplazamiento por la sede central en Zúrich, Suiza.

Algunas prácticas han llegado incluso a ser noticia: el principio del 20 % —según el cual los empleados pueden dedicar el 20 % de su tiempo a proyectos de su elección y a desarrollar ideas que beneficien a Google— es muy popular y ha dado lugar a la creación de muchos productos de éxito.

Para estimular la innovación, es necesario tener una mentalidad abierta, por lo que se fomenta el intercambio. En este contexto, se crea un entorno especialmente configurado para propiciar la conversación y el intercambio de ideas. Por ejemplo, una cafetería ofrece comida gratis para todos los empleados. El objetivo es dejar de lado la jerarquía y reunir al personal en torno a una comida orgánica y refinada.

Esta filosofía y estas prácticas han contribuido al éxito de Google entre el público, a la vez que proporcionan un entorno estimulante para sus empleados: la receta ideal para la innovación.

UNA FORMA POPULAR DE TRABAJAR

Google recibe más de 2500 millones de candidaturas al año, es decir, unas cinco solicitudes por minuto.

EN BUSCA DE NUEVOS MERCADOS

Larry y Sergey crean Google partiendo de la simple idea de que es posible simplificar la vida del usuario al indexar y jerarquizar las páginas web. Al decidir situar la tecnología en el centro de su estrategia empresarial, los gestores de Google pretenden aprovechar todas las oportunidades que se presentan ante ellos. Esta visión de largo alcance ofrece a los empleados una gran libertad a la hora de crear nuevos productos.

A principios del segundo milenio, la democratización de los teléfonos móviles promete cambiar la forma en que las personas se comunican y utilizan internet. Por supuesto, esta perspectiva intriga a los empleados de Google.

En 2001, Yahoo! decide poner fin a su asociación con Inktomi para integrar Google en su plataforma con el fin de ayudar a sus usuarios en sus búsquedas. Yahoo!, líder de la búsqueda en dispositivos móviles, ofrece al motor de búsqueda una oportunidad para entrar en el mercado.

Al mismo tiempo, Google desarrolla numerosos productos para completar su oferta. Estas herramientas, que mejoran la productividad, incitan a cada vez más usuarios a elegir Google, pero, sobre todo, dan a la empresa la oportunidad de recopilar información valiosa.

Un correo electrónico vanguardista

El primer correo electrónico se envió en 1969, antes de la creación de internet. Los dos ordenadores, situados a cientos de kilómetros el uno del otro, estaban conectados a través de una red precursora del internet moderno.

En 2004, Google anuncia el lanzamiento de Gmail, una plataforma que permite a cada usuario almacenar más de 500 000 correos electrónicos. Este servicio, creado por un ingeniero gracias al principio del 20 %, responde a numerosas quejas de usuarios insatisfechos con los productos de la competencia: las principales quejas dirigidas a los proveedores de correos electrónicos se refieren a su limitada capacidad de almacenamiento y a la dificultad de uso de las interfaces.

Unos meses más tarde, en 2004, Yahoo! declara oficialmente su intención de utilizar su propio algoritmo para escanear y entregar resultados de búsqueda en su plataforma. Este algoritmo es el resultado de las adquisiciones de Inktomi en 2002 y AltaVista en 2003. De la misma manera, Microsoft se aleja de Inktomi para utilizar su propio algoritmo.

En diciembre de 2005, varias universidades de renombre se unen a Google para que sus bibliotecas estén disponibles en línea a través de esta plataforma. Esta acción forma parte del Plan Google Print y de la misión general de Google: hacer que la información sea accesible para todos.

En el mismo año salen a la luz Google Earth y Maps, lo que les da a los usuarios la oportunidad de visitar el mundo desde sus navegadores.

Un año más tarde, se anuncia otro producto importante: Google Translate, un servicio de traducción instantánea de palabras clave, páginas web y documentos. A diferencia de otros servicios de traducción como Bing Translator o Yahoo! Translate, que se basan en *softwares* existentes desarrollados por empresas externas, Google Translate trabaja con su propio *software*.

Por último, el éxito de Google proviene principalmente de su algoritmo original, que se ha ido perfeccionando a lo largo de los años. Esto ha permitido que la empresa se desmarque de sus competidores desde su nacimiento. Lo que convierte a Google en líder de su mercado es la variedad de productos que ofrece, la atención que presta a los deseos de los consumidores y, sobre todo, las estrategias adoptadas por los gestores y una visión precisa y bien ejecutada.

ADQUISICIÓN DE EMPRESAS Y DE PATENTES

Para el desarrollo de sus actividades, Google no se basa únicamente en la creatividad de sus empleados. La adquisición de otras empresas es una práctica común que presenta varias ventajas.

- En primer lugar, evita gastar sumas astronómicas de dinero y hace ganar un tiempo considerable en investigación y desarrollo.
- En segundo lugar, a través de sus numerosas adquisiciones, la empresa se asegura de man-

tener su puesto en la cima de la innovación.
- En tercer lugar, en algunos casos, el producto ya ha demostrado su eficacia y su éxito está prácticamente garantizado.
- Finalmente, esta operación puede ser parte de una táctica para frenar a los competidores.

Obviamente, como la adquisición es pública, es posible que los competidores deduzcan las intenciones estratégicas subyacentes a esta decisión.

Para Google, una de las empresas más grandes del mundo, gastar millones —o incluso miles de millones— para adquirir un negocio no constituye problema alguno, ya que ofrece a muchos emprendedores la oportunidad de convertirse en millonarios durante la transacción. Entre las muchas adquisiciones que Google ha realizado desde 2001, algunas han llamado la atención por su precio desorbitado. Por ejemplo, AOL se compra en 2005 por 1000 millones, mientras que YouTube, que luchaba por monetizar su tráfico, fue comprada por 1650 millones en 2006.

En ese momento, YouTube era una de las comunidades en línea que más rápido estaba creciendo. Su compra forma parte de la estrategia de Google de ofrecer una amplia gama de contenidos a la mayor audiencia posible. YouTube, que antes de ser adquirido por Google no podía monetizar, sirve ahora como medio publicitario para los anunciantes.

Un mundo cambiante

Google, verdadero imperio de la publicidad, se ha establecido en menos de diez años como un gigante que lidera una revolución que no muestra signos de ralentización. Gracias a una estrategia bien engrasada, a empleados modelo y a un modelo de negocio infalible, sus revolucionarios productos han aumentado nuestra comodidad y productividad. En ocho años, el número de búsquedas de Google por año se ha multiplicado por 100 000.

En un entorno en constante cambio, es vital que las empresas tecnológicas se adapten. El éxito de Google plantea rápidamente preguntas, pero también atrae a muchos competidores a los que les gustaría llegar a su misma posición privilegiada.

Evolución del número de búsquedas en Google entre 1999 y 2007 (en miles de millones)

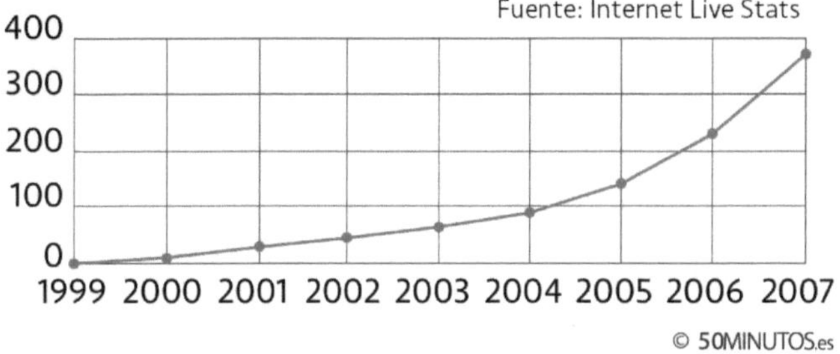

GOOGLE EN LA ACTUALIDAD

COMPETIR PARA LIDERAR MEJOR, A VECES A COSTA DE LA INNOVACIÓN

Google, Microsoft, Apple, Facebook y Amazon: todas estas marcas son tan populares que se han convertido en nombres propios. Aunque al principio proponen productos distintos, está claro que la expansión de sus gamas de productos les ha llevado a invadir sus respectivas plataformas.

En este entorno competitivo, estos gigantes se han convertido en maestros en el arte de copiar productos de la competencia para hacer modificaciones y colocar su marca en ellos.

Android

Android, comprado en 2005, es el sistema operativo para teléfonos móviles que compite con Apple (iOS). En 2007 se integra en los móviles HTC y, en enero de 2010, se lanza al mercado el Nexus One, el teléfono móvil diseñado para competir con el iPhone. El dispositivo en sí es producido por fabricantes que cambian cada año, como LG o Huawei, mientras que las aplicaciones básicas que ofrece el sistema son las desarrolladas por Google (Gmail, Google Maps, Google Hangouts… y sobre todo la tienda de aplicaciones Google Play).

Además, este sistema operativo se adapta para ser integrado en televisores Sony en 2010, en tabletas de varios fabricantes (incluido Samsung) en 2011 y en relojes inteligentes y coches en 2014.

Chrome, Chrome OS y Chromebooks

En septiembre de 2008 se anuncia oficialmente Chrome, el navegador de Google. Este, desarrollado utilizando el método Código Abierto (es decir, un programa de ordenador cuya licencia permite a cualquiera leerlo, modificarlo y redistribuirlo), es el resultado de la colaboración de programadores privados que realizan continuas mejoras en el mismo.

Al año siguiente, la empresa comienza a desarrollar su propio sistema operativo, Chrome OS, que puede reemplazar al de Microsoft (Windows) y al de Apple (Mac OS). Una vez más, las aplicaciones proporcionadas son desarrolladas por Google. Entonces, de una asociación con los fabricantes de equipos Samsung, Acer, HP y Lenovo, nacen los Chromebooks, los únicos ordenadores que integran este sistema operativo.

Esta estrategia de imitación no está exenta de consecuencias. Al pasar de la innovación a una competencia más feroz, Google ha perdido de alguna manera la capacidad de sorprender a sus usuarios con productos revolucionarios.

Los fracasos

La capacidad y la cultura de la innovación Google lo han convertido en una de las cinco empresas más grandes del mundo, pero también son la fuente de sus fracasos más estrepitosos.

En este cementerio de fiascos se encuentra Google+, la red social de la empresa destinada a competir con Facebook. La plataforma cuenta con 500 millones de miembros, de los cuales solo 150 millones son activos: una cifra que todavía está lejos de los 1500 millones de usuarios de Facebook.

Google Glass es también uno de los proyectos fallidos. Estas gafas inteligentes, destinadas al público en general, mostraban información que aparecía sobre las lentes del usuario. Las pruebas tuvieron que ser interrumpidas, ya que las gafas recibieron una pésima acogida por parte de los consumidores, que las veían como una invasión de la vida privada. De hecho, un usuario malintencionado podría grabar lo que ve a través de sus gafas sin que los demás se dieran cuenta.

Sin embargo, como prueba de la excelente adaptabilidad de sus gestores, Google anuncia en 2017 que las gafas se comercializarán para empresas, en las que las aplicaciones de este objeto serán múltiples. De hecho, las tareas de gestión cotidianas serán más rápidas y cómodas, ya que las gafas permiten visualizar la información mientras se mantienen ambas manos libres.

En los últimos años se han suspendido decenas de otros productos y servicios, como Google TV (competidora de Apple TV), la plataforma de *microblogging* Jaiku (comparable a Tumblr) adquirida en 2007, o Google Lively (un mundo virtual similar a Second Life).

PROBLEMAS JURÍDICOS

Evidentemente, el deseo de invertir en numerosos mercados aumenta las oportunidades de fortalecer la marca y aumentar las ventas. Sin embargo, los problemas también se multiplican. Esto se pone de manifiesto en la expansión del departamento jurídico de Google: entre 1998 y 2003 contaba con 100 empleados, mientras que hoy en día hay más de 500.

Contenido difamatorio y política de privacidad

En la mayoría de los casos, son particulares los que presentan quejas contra Google. Por ejemplo, personas descontentas al darse cuenta de que aparece contenido difamatorio sobre su persona en los resultados del famoso motor de búsqueda. Google no es responsable del contenido analizado y jerarquizado, pero a menudo se ve obligado a indemnizar a las víctimas o a eliminar el contenido no deseado.

Esto es así especialmente desde mayo de 2014 y

con la decisión del Tribunal de Justicia de la Unión Europea en el caso Costeja, que reconoce oficialmente el «derecho al olvido» como un derecho humano. A raíz de esta decisión, Google está obligada a establecer un procedimiento especial que permita a los ciudadanos europeos solicitar la eliminación de sus datos personales en línea.

Recientemente, las instancias y autoridades gubernamentales que se ocupan del bienestar de los consumidores han cuestionado y estudiado las intenciones de Google. Estas acciones se basan en prácticas comerciales consideradas abusivas y que pueden violar los derechos de las personas. La piedra angular de los modelos económicos de los gigantes de internet es la recopilación de datos, que ahora se encuentra en el centro de todas estas controversias.

No hay que olvidar que el uso de los productos de Google permite a la empresa estadounidense recopilar información que alimenta directamente la plataforma publicitaria del grupo. Cuanto más utiliza un usuario sus servicios, mayor capacidad tiene la empresa de recopilar una gran cantidad de datos sobre el mismo. Esta información es una verdadera mina de oro, ya que rastrea cada uno de nuestros movimientos en la web y se utiliza para trazar un perfil del usuario.

Hasta 2012, cada producto de Google (Google Calendar, Gmail, Google+, YouTube, etc.) creaba un perfil de cada usuario que se alimentaba en función de sus búsquedas. Esto significaba que si una persona utilizaba 60 servicios, se creaban 60 perfiles distintos sin ningún vínculo entre ellos. A partir del 1 de marzo de 2012, Google implementa una política que le permite crear un perfil único por usuario, dándole la oportunidad de cotejar la información de estos 60 servicios. En la práctica, si un usuario busca una marca de coche determinada en Google, el contenido publicitario que aparece en YouTube se adapta a partir de ese momento para anunciar esos coches.

Esta acción no autorizaba al grupo a obtener más datos de los que ya poseía, sino a utilizarlos de forma diferente. Esta política, destinada a comprender mejor a los consumidores y a ofrecerles contenidos más específicos adaptados a sus necesidades, ha suscitado polémica por diversas razones.

En primer lugar, Google es ahora capaz de

rastrear el menor de los movimientos de sus usuarios, estén o no registrados. Algunos países han tardado varios años en reaccionar ante estas dudosas prácticas, que contravenían las leyes vigentes en Europa. En 2015, legisladores franceses y españoles (funcionarios públicos cuya función es garantizar el respeto de las leyes y los reglamentos) trabajaron codo con codo para llevar a Google ante la justicia. La empresa con sede en California fue declarada culpable de los cargos y condenada a pagar 900 000 euros, un castigo poco significativo en comparación con sus enormes ingresos anuales (82 700 veces superiores a la multa).

Más allá de la desconfianza que los consumidores van desarrollando por los medios tecnológicos y por la innovación, esta práctica representa un peligro real para la privacidad. De hecho, no es aconsejable centralizar una tal cantidad de información en un mismo lugar, ya que no alcanzamos a imaginar lo que pasaría si cayera en las manos equivocadas.

Propiedad intelectual y derecho de la competencia

Por parte de los competidores, las denuncias se refieren principalmente a aspectos de propiedad intelectual y derecho de la competencia. En 2012, por ejemplo, Oracle, un editor de *software* de Silicon Valley, demanda a Google y reclama una indemnización de casi 9000 millones de dólares por la violación de sus derechos de propiedad intelectual. Después de cuatro años de lucha encarnizada en los tribunales, no se investiga oficialmente a Google.

La compañía también es demandada por sospechas de abuso de poder a través de sus sistemas operativos. Parece que Google tiene un control considerado abusivo sobre la elección del consumidor. El problema reside en el hecho de que este está obligado a utilizar las aplicaciones de Google cuando utiliza un teléfono Android.

Por otra parte, las autoridades y la opinión pública acusan a la empresa de evadir impuestos en Europa y en los Estados Unidos a través de ingeniosos acuerdos fiscales. Sin embargo, estos reproches son comunes a todos los gigantes de internet norteamericanos y Apple, Facebook o Amazon tampoco se salvan.

GOOGLE Y EL MUNDO

A pesar de esta mala publicidad, la imagen de Google sigue creando fascinación. Su afán de lucro no impide que la empresa pretenda contribuir a un mundo mejor. Combinando la acción con la palabra, Google crea Google.org en 2005, una organización sin ánimo de lucro que apoya el desarrollo sostenible y la lucha contra la pobreza.

En noviembre de 2007, esta asociación se hace con los medios necesarios para sustituir al carbón como combustible para la producción de electricidad. Google invierte cientos de millones de dólares en el desarrollo de la energía verde con el objetivo de reducir nuestra dependencia global a la electricidad «sucia» que todavía se utiliza masivamente para alimentar los millones de servidores de almacenamiento de la empresa. Al mismo tiempo, con motivo de su décimo aniversario, Google invierte 10 millones de dólares en cinco proyectos de internautas para simplificar la vida cotidiana de todos.

Pocos meses después, la organización declara que quiere invertir 14 millones de dólares en empresas que buscan erradicar ciertos insectos portadores de enfermedades. Consciente de que la empresa no tiene el monopolio de las buenas ideas y del talento, el equipo de gestión de Google prefiere invertir en otras empresas emergentes prometedoras en lugar de desarrollar estos proyectos internamente y competir con ellas.

LAS ÚLTIMAS INNOVACIONES

Desde 2015, Google está dirigida por una empresa matriz llamada Alphabet, una entidad que agrupa a diferentes subdivisiones. Ya no hay ninguna confusión entre el producto insignia y la empresa. Alphabet está dirigida por Sergey Brin (presidente), Larry Page (director ejecutivo) y Eric Schmidt (presidente ejecutivo).

UN FABULOSO DESTINO

Sundar Pichai, un niño que nace en una familia pobre de la India, es ascendido a director ejecutivo del segmento del motor de búsqueda en 2015, tras un espectacular crecimiento en la empresa.

En el segundo trimestre de 2016, Alphabet alcanza un volumen de negocios de 21 500 millones y unos beneficios de 4900 millones de dólares. Google genera por sí sola un volumen de negocios de 21 300 millones de dólares, de los cuales 19 100 millones proceden de la publicidad.

Este enorme beneficio se reinvierte principalmente en el desarrollo de productos revolucionarios de los que la empresa mantiene el secreto, y que incluyen coches autónomos, gafas de realidad aumentada, drones para realizar entregas a domicilio o, incluso, globos que proporcionan acceso a internet en zonas remotas.

A pesar del fracaso de Google Health (un expediente médico personal en línea) y del cierre del servicio en 2012, la empresa sigue invirtiendo en investigación científica en el ámbito de la salud y espera revolucionar la medicina permitiendo una nueva explotación de datos médicos individuales recogidos sobre todo través de dispositivos móviles.

Progresos constantes

Una subdivisión de Alphabet trabaja actualmente en el desarrollo de la inteligencia artificial. Esta, integrada a un ordenador u otro dispositivo electrónico, permite a la máquina aprender y evolucionar. Esta tecnología es poco conocida por el gran público a pesar de que ya nos hace más fácil nuestra vida cotidiana. Por ejemplo, es una de las razones por las que los mapas de navegación son cada vez más eficientes, o por las que nuestros teléfonos móviles responden a nuestros comandos de voz.

A principios de 2012, el modelo de negocio de Google se ve desafiado por la comercialización de un producto de Amazon, Echo. Este asistente inteligente que funciona a través de comandos de voz toma el control de varios dispositivos electrónicos, como los teléfonos móviles, para ejecutar las órdenes de su propietario. Puede, por ejemplo, indicar los resultados de una búsqueda en internet, leer un audiolibro o reproducir música bajo demanda. Esta innovación sugiere un futuro próximo en el que las pantallas serían innecesarias.

Ahora bien, Google depende de los enlaces patrocinados, que suponen más del 90 % de su facturación. Dos años después de Echo, Google lanza Home, un asistente de voz. Es obvio que Google trabaja en el desarrollo de una manera de monetizar la búsqueda efectuada a través de un asistente de voz. De hecho, los ejecutivos de Google han demostrado en muchas ocasiones en el pasado que son capaces de identificar correctamente las amenazas y convertirlas en oportunidades.

AltaVista, que intrigó a Larry en su laboratorio de Stanford, es abandonado en 2013 y ahora remite a Yahoo!, mientras que MSN Search se convierte en Windows Live Search y posteriormente en Bing. Este último aparece entre los primeros cinco mejores motores de búsqueda, muy lejos de Google. Por su parte, Excite es comprada en 2004, pero desaparece tras la adopción de una larga serie de estrategias fallidas.

Para entender el éxito colosal del que disfruta Google desde 1998, basta con pensar que si George Bell hubiera invertido un dólar en Google cuando Larry y Sergey acudieron a verlo hace 18 años, ahora tendría un valor de 559 000 dólares en acciones de Google. Una buena razón para morderse las uñas. Como para no arrepentirse...

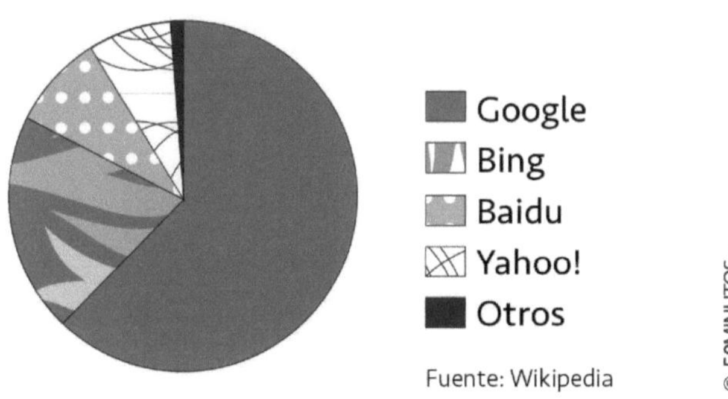

Fuente: Wikipedia

Desde hace 17 años, Google lidera la búsqueda en la red, y ha sido nombrado mejor buscador por empresas y particulares. Sin embargo, la empresa aún no ha dicho su última palabra y, sin duda alguna, nos seguirá sorprendiendo.

EN RESUMEN

- Los científicos pueden sentar las bases del internet moderno gracias al perfeccionamiento del ordenador en la segunda mitad del siglo XX. Esta red de material ha fomentado la multiplicación de contenidos en línea, formando la red, así como su difusión. Lo que los motores de búsqueda quieren lograr es organizar todo este contenido.
- Larry y Sergey, dos estudiantes de Stanford, desarrollan un algoritmo revolucionario que promete hacer su motor de búsqueda más eficiente que los de la competencia. Trabajan en colaboración en este proyecto y deciden convertirlo en una empresa real.
- Cuando los dos amigos obtienen resultados concluyentes entre el público, deciden vender su negocio para sacar un buen partido, en vano. Entonces deciden continuar trabajado en el proyecto. Se quedan sin capital y consiguen 25 millones de financiamiento de una empresa de capital riesgo.
- La salida a bolsa de Google es todo un éxito y el

precio de las acciones crece vertiginosamente. El dinero fluye y el futuro de la empresa parece prometedor.

- Google trata de monetizar el importante tráfico que genera su motor de búsqueda. Se crea una agencia de publicidad que ofrece a los anunciantes la posibilidad de patrocinar enlaces en las páginas de resultados.
- Al definir una cultura corporativa relajada y orientada al talento, Larry y Sergey se rodean de empleados competentes. El resultado es una capacidad de innovación excepcional.
- Para mantener su posición de liderazgo en mercados cada vez más competitivos, Google no duda en atacar a sus competidores imitando sus productos insignia: una guerra territorial de cientos de millones de dólares causa estragos.
- La imagen de la empresa está sujeta a los ataques de sus competidores, de usuarios privados y de Gobiernos, que a veces no dudan en recurrir a los tribunales, sobre todo en lo que se refiere al derecho de los usuarios de Google a mantener el control sobre sus datos personales en línea.
- Google también intenta reforzar su imagen in-

virtiendo en diversas actividades filantrópicas y de investigación, a veces en áreas alejadas de internet, como la salud.

- Hoy en día, Larry y Sergey se centran en el desarrollo de proyectos revolucionarios, tal y como hicieron hace casi 20 años. Con una capitalización bursátil cercana a los 560 000 millones de dólares, hay motivos para creer que esta empresa tiene aún un futuro brillante por delante.

¡Tu opinión nos interesa!
¡Deja un comentario en la página web de tu
librería en línea,
y comparte tus favoritos en las redes sociales!

PARA IR MÁS ALLÁ

FUENTES BIBLIOGRÁFICAS

- Abbate, Janet Ellen. 1994. *From ARPANET to Internet: A history of ARPA-sponsored computer networks, 1966-1988*. Tesis doctoral, Universidad de Pensilvania.

- Abboud, Leila. 2015. "Google To Change Its Privacy Policy". *Huffington Post*. 30 de enero. Consultado el 14 de noviembre de 2017. http://www.huffingtonpost.com/2015/01/30/google-privacy-policy_n_6577948.html

- AFP. 2016. "Alphabet/Google Profit Jumps 43 % to $ 4.9 bn". *Phys.org*. 28 de julio. Consultado el 14 de noviembre de 2017. https://phys.org/news/2016-07-alphabetgoogle-profit-bn.html

- Auffray, Christophe. 2017. "Chiffres clés: les OS pour smartphones". *ZDNet*. 30 de agosto. Consultado el 14 de noviembre de 2017. http://www.zdnet.fr/actualites/chiffres-cles-les-os-pour-smartphones-39790245.htm

- Auletta, Ken. 2010. *Googled: The End of the World As We Know It*. Nueva York: Random House.

- Bhartiya, Swapnil. 2016. "Amazon Echo vs. Google Home: The Choice is Obvious". *CIO*. 22 de noviem-

bre. Consultado el 14 de noviembre de 2017. http://
www.cio.com/article/3143137/open-source-tools/
amazon-echo-vs-google-home-the-choice-is-
obvious.html

- Bilton, Nick. 2013. "AltaVista. What's That?". *Bits.
New York Times*. 1 de julio. Consultado el 14 de
noviembre de 2017. https://bits.blogs.nytimes.
com/2013/07/01/altavista-whats-that/

- Brandt, Richard L. 2011. *The Google Guys: Inside the
Brilliant Minds of Google Founders Larry Page and
Sergey Brin*. Londres: Penguin.

- Brin, Sergey, Rajeev Motwani, Lawrence Page y
Terry Winograd. 1998. "What Can You Do With
a Web In Your Pocket?". *IEEE Data Engineering
Bulletin*, vol. 21, n.º 2, 37-47.

- Brin, Sergey. 1998. "Extracting Patterns and
Relations from the World Wide Web". *The World
Wide Web and Databases*, 172-183. Berlín: Springer.

- Bulygo, Zach. s. f. "Inside Google's Culture
of Success and Employee Happiness".
Kissmetrics Blog. Consultado el 14 de noviembre
de 2017. https://blog.kissmetrics.com/
googles-culture-of-success/

- Cain Miller, Clair. 2013. "Google Introduces a
Touch-Screen Laptop". *Bits. New York Times*. 21
de febrero. Consultado el 14 de noviembre de
2017. https://bits.blogs.nytimes.com/2013/02/21/
google-introduces-a-touchscreen-laptop/?_r=0

- Carlson, Nicholas. 2014. "A List Of Products Larry Page Has Google Working On Other Than Search, Such As Spoons". *Business Insider.* 22 de septiembre. Consultado el 14 de noviembre de 2017. http://www.businessinsider.com/a-list-of-google-products-2014-9

- CBInsights, "The Google Acquisition Tracker". Consultado el 14 de noviembre de 2017. https://www.cbinsights.com/research-google-acquisitions

- CERN, "La naissance du web". Consultado el 14 de noviembre de 2017. https://home.cern/fr/topics/birth-web

- Computer History, "Timeline of Computer History". Consultado el 14 de noviembre de 2017. http://www.computerhistory.org/timeline/1937/

- Cowley, Stacy. 2012. "How Four Companies Took Over the Internet". *CNN Tech.* 12 de noviembre. Consultado el 14 de noviembre de 2017. http://money.cnn.com/2012/11/12/technology/techonomy-big-four/

- D'Onfro, Jilian. 2015. "The Truth About Google's Famous '20 % Time' Policy". *Business Insider.* 17 de abril. Consultado el 14 de noviembre de 2017. http://uk.businessinsider.com/google-20-percent-time-policy-2015-4?r=US&IR=T

- Geiger, Andreas. 2012. "Google's Never-Ending Legal Problems". *The Hill.* Septiembre. Consultado el 14 de noviembre de 2017. http://thehill.com/blogs/congress-blog/technology/226461-googles-never-ending-legal-problems

- Goel, Vindu. 2016. "When Yahoo Ruled the Valley; Stories of the Original 'Surfers'". *New York Times.* 16 de julio. Consultado el 14 de noviembre de 2017. https://www.nytimes.com/2016/07/17/technology/when-yahoo-ruled-the-valley-stories-of-the-original-surfers.html

- Google Press, "News Announcements from Google: From 1999 to 2015". Consultado el 14 de noviembre de 2017. http://googlepress.blogspot.be/2015

- Google. Consultado el 14 de noviembre de 2017. https://www.google.com/about/company/

- Harding, Xavier. 2016. "Google Has 7 products With 1 Billion Users". *Popular Science.* 2 de febrero. Consultado el 14 de noviembre de 2017. http://www.popsci.com/google-has-7-products-with-1-billion-users

- History of Information, "The Most Famous Image in the Early History of Computing", 2016. 28 de febrero. http://www.historyofinformation.com/expanded.php?id=2245

- Internet Live Stats. "Google Search Statistics", 2012. Consultado el 14 de noviembre de 2017. http://www.internetlivestats.com/google-search-statistics

- Internet World Stats, "Internet Growth Statistics". Consultado el 14 de noviembre de 2017. http://

www.internetworldstats.com/emarketing.htm

- Investopedia, "Who Are Google's Main Competitors?", 2014. Consultado el 14 de noviembre de 2017. http://www.investopedia.com/ask/answers/120314/who-are-googles-goog-main-competitors.asp

- Jansen, Bernard, Amanda Spink y Tefko Saracevic. 2000. "Real Life, Real Users, and Real Needs: A Study and Analysis of User Queries on the Web". *Information processing & management*, vol. 36, n.º 2, 207-227.

- Lazuly, Pierre. 2003. "Le monde selon Google". *Le Monde Diplomatique*, 28-29. Octubre. Consultado el 14 de noviembre de 2014. https://www.monde-diplomatique.fr/2003/10/LAZULY/10471

- Marquez, Edouard. 2011. "Android 2.3.6 est en cours d'envoi sur les Nexus S". *FrAandroid*. 2 de septiembre. Consultado el 14 de noviembre de 2017. http://www.frandroid.com/actualites-generales/79137_android-2-3-6-est-en-cours-denvoi-sur-les-nexus-s

- Mounier-Kuhn, Pierre. s. f. "Machine Analytique de Babbage". *Universalis*. Consultado el 14 de noviembre 2017. http://www.universalis.fr/encyclopedie/machine-analytique-de-babbage/

- Moynihan, Tim. 2014. "Google Announces Android Auto, Its Answer to Apples's Carplay". *Wired*. 25 de junio. Consultado el 14 de noviembre de 2017. https://www.wired.com/2014/06/android-auto/

- Othnin-Girard, Florian. 2013. "Google, tout ce qu'il faut savoir sur son histoire". *Histoires de Web*. 10 de febrero. Consultado el 14 de noviembre de 2017. http://histoiresdeweb.fr/google-histoire/

- Page, Larry, Sergey Brin, Rajeev Motwani y Terry Winograd. 1999. "The PageRank Citation Ranking: Bringing Order to the Web". *Standford InfoLab Publication Server*. Consultado el 14 de noviembre de 2017. http://ilpubs.stanford.edu:8090/422/

- PakWired. 2015. "Noticeable Lawsuits Against Google". *PakWired*. 13 de noviembre. Consultado el 14 de noviembre de 2017. http://pakwired.com/noticeable-lawsuits-against-google/

- Paul, Ian. 2012. "Google's New Privacy Policy: Why You Should Care". *PCWorld*. 25 de enero. Consultado el 14 de noviembre de 2017. https://www.pcworld.com/article/248715/googles_tracking_plan_offers_users_benefits_privacy_concerns.html

- Paul, Ian. 2013. "Hewlett-Packard Joins Chromebook Fray with 14-Inch Browser-Based Laptop". *PCWorld*. 4 de febrero. Consultado el 14 de noviembre de 2017. http://www.pcworld.com/article/2027033/hewlett-packard-joins-chromebook-fray-with-14-inch-browser-based-laptop.html

- Profis, Sharon. 2012. "Five Ways Google's Unified Privacy Policy Affects You". *Cnet*. 1 de marzo. 14 de noviembre de 2017. https://www.cnet.com/

- how-to/five-ways-googles-unified-privacy-poli-cy-affects-you/

- Sentencia del Tribunal de Justicia de 13 de mayo de 2014 en el asunto C-131/12. Consultado el 14 de noviembre de 2017. http://curia.europa.eu/juris/document/document.jsf?text=&docid=152065&pageIndex=0&doclang=ES&mode=lst&dir=&occ=first&part=1&cid=536000

- Siegler, M. G. 2010. "When Google Wanted To Sell To Excite For Under $ 1 Million – And They Passed". *TechCrunch*. 29 de septiembre. Consultado el 14 de noviembre de 2017. https://techcrunch.com/2010/09/29/google-excite/

- Statistic Brain, "Google Annual Search Statistics", 2015. Consultado el 14 de noviembre de 2017. http://www.statisticbrain.com/google-searches/

- Sullivan, Danny. 2013. "A Eulogy For AltaVista, The Google Of Its Time". *Search Engine Land*. 28 de junio. Consultado el 14 de noviembre de 2017. http://searchengineland.com/altavista-eulogy-165366

- Thompson, Andrew. 2017. "Google's Vision Statement & Mission Statement". *Panmore Institute*. 28 de enero. Consultado el 14 de noviembre de 2017. http://panmore.com/google-vision-statement-mission-statement

- Thoppil, Dhanya Ann. 2013. "Who Is Google Android's Sundar Pichai?". *The Wall Street Journal*. 14 de marzo. Consultado el 14 de noviembre de 2017. http://blogs.

wsj.com/indiarealtime/2013/03/14/
  who-is-google-androids-sundar-pichai/

- Tikka, Juha-Pekka. 2009. "The Greatest Internet
  Pioneers You Never Heard Of". *Xconomy*. 3 de
  marzo. Consultado el 14 de noviembre de 2017.
  http://www.xconomy.com/national/2009/03/03/
  the-greatest-internet-pioneers-you-never-heard-
  of-the-story-of-erwise-and-four-finns-who-
  showed-the-way-to-the-web-browser/

- U.S. Securities and Exchange Commission,
  "Registration Statement", 2004.
  Consultado el 14 de noviembre de 2017.
  https://www.sec.gov/Archives/edgar/
  data/1288776/000119312504073639/ds1.
  htm#toc16167_11

- Vise, David. 2007. "The Google Story". *Strategic
  Direction*, vol. 23, n.º 10.

- World Wide Web Foundation, "History of the
  Web". Consultado el 14 de noviembre de 2017.
  http://webfoundation.org/about/vision/
  history-of-the-web/

FUENTES COMPLEMENTARIAS

- Cassin, Barbara. 2007. *Google-moi: La deuxième
  mission de l'Amérique*. París: Albin Michel.

- Girard, Bernard. 2008. *Une Révolution du
  Management: Le modèle Google*. París: M21

éditions.

- Jeanneney, Jean-Noël. 2007. *Quand Google défie l'Europe: Plaidoyer pour un sursaut.* París: Fayard/ Mille et une nuits.

- Racine, Bruno. 2010. *Google et le nouveau monde.* París: Plon.

PELÍCULAS Y DOCUMENTALES

- *El lado oculto de Google.* Dirigido por Sophie Roland, Edouard Britch, Gary Grabli, Vincent Kelner y Aymeric Guillot. París: France Info, 2015.

- *Faut-il avoir peur de Google?* Dirigido por Stéphane Dottelonde, Sylvain Bergere y Stéphane Osmont. Hauts-de-Seine: Arte France, 2006.

- *Google y el cerebro mundial.* Dirigida por Ben Lewis, con Brendan Price, Nicolas Chapman y Molly Malcolm. España, Reino Unido y Alemania: Polar Star Films, BLTV, ZDF, ARTE, BBC, TVE y Televisió de Catalunya, 2013.

FUENTES ICONOGRÁFICAS

- Larry Page. © Jakub Mosur.
- Sergey Brin. © Steve Jurvetson.

50MINUTOS.es
Historia
Economía y empresa
Coaching
Book Review
Salud y bienestar
Arte y literatura
EL DIAGRAMA DE ISHIKAWA
LA GUERRA DE PALESTINA DE 1948
DOMINA EL ARTE DEL NETWORKING
¡APRENDER NUNCA ANTES FUE TAN RÁPIDO!
www.50minutos.es